Het gat in de nacht

Lydia Rood

met tekeningen van Mariëlla van de Beek

De weg naar Schier

Inhoud

1. Kleuren *pag. 7*

Waarin Sara en Kaai ruzie krijgen.

2. Het gat in de nacht *pag. 15*

Waarin Kaai Sara mist.

3. Kapers op zee *pag. 21*

Waarin er een schip komt ...

4. Gevangen *pag. 27*

Waarin de kapers Kaai gevangen nemen.

1. Kleuren

Daar gaat Kaai, de kaper van de nes.
Hij vaart met Sara op een vlot.
Zij is een piraat.
Ze varen naar het eiland Schier.
Daar woont pake Japik, de opa van Kaai.
Ze gaan naar hem toe.

Vroeger woonde Kaai ook op Schier.
Met pap en mam en Sjoerd, zijn broer.
Hij mist het eiland.
Pake mist hij ook.
Maar de boot is te duur.
Sara wil graag mee naar Schier.
Haar mam sloeg haar.
Ze wil nooit meer naar huis.

Het vlot van Kaai en Sara is heel klein.
De zee is heel groot.
Schier is heel ver.
Een grijs streepje aan de einder.

Of misschien is dat Schier niet eens.
Het kan ook een wadplaat zijn.
Het water staat laag.
Hier en daar valt het wad droog.

Hoe groot is de zee!
Hoe klein is het vlot!
En de zon is al onder.
Nog maar een streepje licht is er te zien ...
Maar Kaai is niet bang.
Een kaper kan toch niet bang zijn?
En Kaai is een echte kaper.
Een kaper met een dapper hart.
'Saar?' vraagt hij.
'Je bent toch niet bang, hè?'
'Natuurlijk niet,' zegt Sara.
'Stommerik!
Waarom zou ik bang zijn?
Voor de zee zeker!
Voor het donker zeker!
Niks hoor, ik ben niet bang.
Jij misschien!'
'Ikke?' roept Kaai uit.

'Ik bang?
Nooit!
Ik ben niet eens bang voor de juf.
Of voor grote jongens.
En voor die agent was ik ook niet bang.'
'Dan is het goed,' zegt Sara.

Ze zucht diep.
Dan kijkt ze naar boven.
Daar staat al een ster.
Dan kijkt ze gauw weer recht vooruit.
In de verte is de lucht roze en paars.
En rood en geel en een beetje groen.
Het grote donker hoef je niet te zien.
Als je maar naar die kleuren kijkt.
'Mooi, hè!' zegt Sara.
'Ja, mooi,' zegt Kaai.
'De kleuren wijzen ons de weg,' lacht Sara.

Opeens schrikt Kaai erg.
Dit klopt niet!
De zon gaat onder in het westen.
Daar varen ze nu recht op af.

En Schier ligt in het noorden!
Hij geeft een ruk aan het roer.
'We gaan verkeerd,' roept hij.
'Die kant uit ligt de Noordzee.
Straks landen we nog in Schotland!'

'Jij zegt maar wat!' zegt Sara.
Sara is wel bang.
Dat kan Kaai horen aan haar stem.
'Schotland!
Wat een onzin, zeg!'
'Toch is het zo,' zegt Kaai.
'Pake zegt het zelf.
Schotland is almaar rechtdoor naar het westen.
En het westen is daar.
Waar de lucht zo rood ziet.
Denk je niet?'
'Zie je nou wel!
Je weet het niet eens zeker!
Je kletst maar wat,' zegt Sara boos.
Ze pakt het roer van Kaai af.
Ze stuurt de boot weer naar links, naar de kleuren toe.

'Daar gaan we heen,' zegt ze bazig.
'Jij weet van niks, Kaai!'

Kaai snapt het wel.
Schier ligt nu in het donker.
Dat is eng.
Sara wil niet het donker in.
Dat komt doordat ze bang is.
Maar Schotland is ver, heel ver.
En pake is vlakbij, op Schier.
Dat is niet meer dan een paar uur varen.

Kaai geeft Sara een duw.
'Weg daar, ik ben de schipper hier.
Jij bent maar de matroos.'
Sara duwt terug.
'Nee, ik ben piraat!' gilt ze.

Het vlot is te klein voor ruzie.
Kaai valt bijna in het water.
'Naar Schier!' schreeuwt hij.
'Ik wil naar Schier!'
Ze vechten nu echt.

'Laat dat roer los!' hijgt Kaai.
'Ik weet de weg.
Jij bent niet van hier!'
Sara geeft hem een klap.
'Net je ma!' roept Kaai.
'Die slaat er ook zomaar op los!'
Dat is gemeen.
Dat weet hij zelf ook wel.
Maar het schoot uit zijn mond.

De klap heeft pijn gedaan.
Dus wilde hij Sara ook pijn doen.
En dat is gelukt.
Ze laat het roer los.
Ze gaat naar de rand van het vlot.
Ze stapt van het vlot, zomaar van boord!
Het donker slokt haar op.
Het vlot wiebelt nog even.
En dan ligt het stil.

'Sara!
Kom terug!

Ik meende het niet!'
Maar Sara is weg.
Kan ze wel zwemmen?

2. *Het gat in de nacht*

Nog wel een uur zoekt Kaai naar Sara.
Hij vaart in het rond.
Hij woelt met zijn hand door het water.
Hij zwemt kriskras door de zee.
Hij duikt naar de bodem.
Na een poos klimt hij weer aan boord.
Nat en koud laat hij het vlot maar drijven ...

Dan stuit hij op zand.
Een wadplaat!
Zit ze hier, op dit stukje land in zee?
Zou Sara nog leven?
Wacht ze hier, op het natte wad?

'Sara!'
Gauw stapt Kaai van het vlot.
Hij loopt de wadplaat op.
Hij zakt diep weg in het zand.
'Sara!
Ik meende het echt niet!
Kom alsjeblieft weer naar het vlot!

Ik wacht op je, Kaai.
En pake Japik wacht op mij.
Toe nou, doe niet zo flauw!'

Geen antwoord.
Het water klotst zachtjes om hem heen.
Van Sara geen spoor.
Hoort ze hem?
Of ligt ze ergens op de bodem van de zee?
'Saaa-raaa!'

Pake kent een sprookje van de zee.
Kaai weet het nog goed:

Er was eens een kaper.
Die had een schat.
Hij groef een gat.
In het holst van de nacht, midden in de zee.
Daar stopte hij zijn schat in.
Op die plek liet hij een boei achter.
Een rode ton op het water.
Voor als hij later weer om zijn schat kwam.
Toen voer hij weg met zijn schip.

Maar het water liep door het gat weg.
De zee liep langzaam leeg.
De bodem viel droog.
Eerst hier een wad, daar een wad ...
Op het laatst was de zee leeg.
Je had geen boot meer nodig.
Je kon te voet naar de overkant ...

Men ging op jacht naar de schat.
Mensen uit het dorp renden over het wad.

Ze holden recht naar de boei.
Maar daar zat het gat ...
De een na de ander viel erin.
Heel diep; je hoorde niet eens een plof.
Een heel dorp viel in het gat.
Voor altijd weg.

'Dat krijg je ervan,' zei pake dan.
'Een schat is nergens goed voor.'
'Wat is het hol van de nacht?' had Kaai gevraagd.
Pake moest lachen.
'Het holst van de nacht is ook een gat,' zei hij.
'Maar dan in de tijd.
Dan kun je beter slapen.
Want als je in dát gat valt ...
Dan duik je nooit meer op.
Oei, pas op voor het gat in de nacht!'

Kaai moet aan die woorden van pake denken.
Is Sara soms in dat gat geploft?
Nee, kreunt Kaai in zichzelf.
Laat het niet waar zijn!

Hij klimt weer aan boord.
Koud en klam kruipt hij in de kajuit.
Het hutje op het vlot is te stil en te koud.
Sara zou er moeten zijn.
Hij is zo bang!
Hij bibbert ervan.
Was het maar vast licht.
In het licht waait bangheid zo weer weg.

Sara en Kaai zijn op weg naar Schier. Ze varen op een vlot. Kaai mist pake Japik. Daar gaat hij naartoe. Sara wil niet meer naar huis. Haar mam sloeg haar. Kaai en Sara krijgen ruzie op het vlot. Sara stapt van het vlot af ...

Waar is Sara nu? Kaai zoekt haar. Hij vindt haar niet. Bang gaat Kaai op het vlot zitten. Hij denkt aan het sprookje van de zee.

3. *Kapers op zee*

Zo alleen als nu, is Kaai nog nooit geweest.
Er is altijd wel iemand.
Pap of mam of Sjoerd, zijn broer.
De juf en zijn vriendjes op school.
Op Schier was pake er altijd.

Nu is er alleen maar donker om hem heen.
Het zeil klappert in de wind.
Ze zee klotst rond het vlot.
De wind fluit langs de mast.
Meer niet.
Kaai durft niet eens meer te roepen.
Dat maakt te veel lawaai.
Gek, dat alles zo hard klinkt.
Dat komt doordat hij alleen is.
Of komt het door de nacht?

Kaai knijpt zijn ogen dicht.
Hij telt, heel snel, hardop:
'Een twee drie vier vijf zes zeven acht
negen tien!'

Het klinkt gek, nee, eerder eng.
Het helpt niet tegen de angst.
Hij is nog even bang als net.
Was het maar niet zo stil ...

Kaai draait zich om.
Hé, daar in de verte schijnt licht!
Het is de kust van Schier, of nee ...
Het is de vaste wal.
Daar is zijn huis, met pap en mam en Sjoerd.
Zij liggen fijn in hun bed.
Mam droomt.
Pap snurkt.
Was Kaai maar niet weggegaan!
Dan lag hij nu ook warm en droog in bed.
Dan had hij het niet koud.
Dan was hij niet zo bang.
Dan was Sara er ook nog gewoon.
Kaai wil naar huis.

Opeens ziet hij een licht op zee.
Een boot!
Die scheurt recht op hem af.

De motor brult als een gek.
De boeg springt uit de golven.
Dan klapt het schip weer neer.
Baf, baf, baf, baf!
Zo klinkt het.

'Hier!' roept Kaai hard.
'Hier, help!'
Hij zwaait wild met zijn armen.
'Schip ahoy!'
Maar aan boord zien ze hem niet.

Het schip scheurt voorbij.
Even valt het licht op Kaai.
Dan is de boot al voorbij.
Hij hoort nog stemmen joelen.
Ze hebben lol, daar aan boord.

Wat stom, denkt Kaai.
Hij had een lamp moeten hebben.
Daar heeft hij niet aan gedacht.
Wie vaart er nou weg zonder licht?
Maar nu is het te laat.
Of niet?
Want kijk!
Dat schip keert om.
Langzaam vaart het op Kaai af.

Kaai springt weer op.
Hij zwaait weer met zijn armen.
'Help me, alsjeblieft!' roept hij.
Hij stelt zich aan als een klein kind.
Maar dat moet wel.
Sara is kwijt.
Zij moet gered worden, en gauw ook.

Kaai durft niet aan land te gaan zonder haar.
Nooit meer.

Het schip houdt zijn vaart in.
Vlak naast het vlot ligt het stil.
Een lamp schijnt in Kaais ogen.
'Een knul!'
Kaai knikt.
'Er was een meisje bij mij.
Maar ik ben haar kwijt.
Zoek haar, gauw!
Ze is al heel lang weg ...'
Niemand luistert naar hem.
Er wordt gejoeld.
Ze trekken hem ruw van het vlot.
Ze pakken hem bij handen en voeten.
Ze zwiepen hem heen en weer.
'Hé! Ho!'
Gooien ze Kaai over de rand in zee?
Nee, net niet.
Maar het scheelt niet veel!
De binken lachen zich rot.
Kaai slikt zijn tranen weg.

Ze zien het niet.
Dan ligt hij op het dek.
Er staan vijf binken om hem heen.
'Buit,' zegt er een.
'Een slaaf,' zegt een ander.
'We houden hem vast,' zegt een derde.
'Hij brengt vast losgeld op.'
Het zijn zelf kapers!
Ze zijn lang niet zo aardig als Kaai.
Kaai, de kaper van de nes!

4. Gevangen

Kaai moet gaan staan.
De kapers doen touw om zijn buik.
Hij staat vast aan de mast.
Zijn rug tegen de paal.
Het vlot hangt aan de boot.
Het zit vast met een ander touw.
'En nu vlug naar de wal!' zegt er een.
'Het is al laat.
Ik heb erg veel zin in friet.
Ik wil naar de snackbar, en gauw!'
Dat maakt Kaai heel blij.
Het is dus nog niet zo laat.
Pap ligt nog niet in bed.
Hij bakt nog friet in de snackbar.
Dan is Kaai gered!
Die kerels brengen hem thuis!

De boot stuift naar de kust.
Baf, baf, baf, baf!
De boeg klapt op het water.
Kaai hotst op en neer.

Het touw snijdt in zijn buik.
Zijn maag springt naar zijn keel en weer terug.
Maar hij huilt niet.
Straks zijn ze bij de snackbar.
Dan vlucht Kaai gauw het huis in.
Mam en pap weten wel raad.
Pap kan Sara gaan zoeken.
En mam kan melk warm maken.
Of andersom.
Ja, alles komt nu gauw goed.

De boot maakt een scherpe bocht.
Water spuit op in een boog.
Het kletst op het dek, en op Kaai.
Hij wordt van top tot teen nat.
Koud is dat water!

Nu legt de boot aan bij de dijk.
Ze zijn er eindelijk.
Maar er brandt geen licht in de buurt.
Het is een stille plek.
Niemand komt hier nu langs.

'We zijn er!
Allemaal van boord graag!'
Kaai ziet vaag een vorm in het donker.
Op de stenen van de dijk is iets gebouwd.
Het is een soort hut.
Net als de hut van Sara,
toen die nog geen vlot was.

Het touw mag nu los.
Kaai wordt aan land gegooid.
Hij stoot zijn knie aan een steen.

En zijn arm stoot hij ook.
'Au!' roept hij boos.
'Kop dicht,' zegt de grootste bink.
Hij is zo te zien de leider.
'Naar binnen, de hut in, en vlug!
Zeg waar je woont.
Dan halen we geld voor je op.'
'Nee!' roept Kaai.
Nu huilt hij wel zowat.
Maar nog nét niet helemaal.

Er staat een paal midden in de hut.
De leider bindt Kaai weer vast.
Hij trekt de knoop strak aan.
'Zo,' zegt hij, 'dat zit wel een tijd.
Piep niet zo, joh.
Dat helpt toch niet.
Wij gaan eerst naar de snackbar.
We hebben zin in friet.
Dan gaan we naar jouw huis.
Daar geeft jouw pa ons geld.
En dan mag je los.'
'Nee!' roept Kaai weer.

'Wij zijn niet zo rijk!
Er is geen geld voor zoiets!'
'Dat zal ik dan nog wel eens zien,' zegt de bink.
'Zeg eerst maar waar je woont.'
Kaai knijpt zijn mond dicht.
Van hém hoort die vent niks!

'Gaan we nou nog?' zeurt een ander.
'Ik heb heel veel zin in friet!
Die knul zegt toch niks.
Laat hem eerst maar eens een tijd hier zitten.
Dan piept hij wel anders!'
'Goed,' beslist de leider.
'Dan doen we het zo.
Dat joch blijft hier.
En wij nemen eerst een patat met.
En elk een kroket.
En daarna nog een blik bier.'
'Goed plan!'
'We gaan!'
'Kom mee dan!'
Ze gaan er meteen vandoor met de boot.

Kaai blijft alleen in de hut.
De zee klotst tegen de dijk.
De wind blaast om de hut.
Een leeg blikje rolt langs de dijk omlaag.
Er klinkt nóg een geluid.
Het geluid van een snik.
Dat komt uit Kaais keel.
Hij kan er niets aan doen.

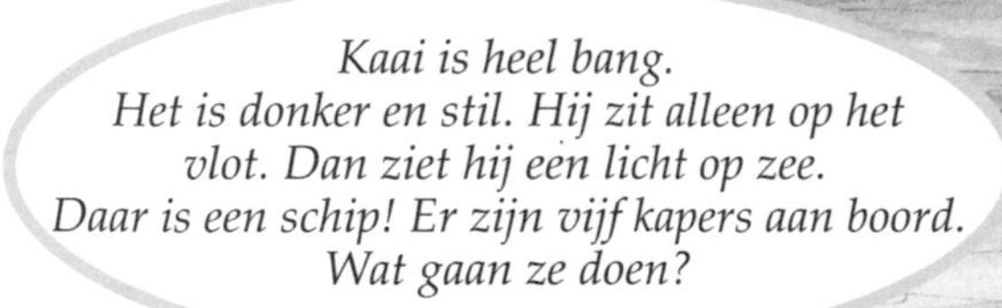

*Kaai is heel bang.
Het is donker en stil. Hij zit alleen op het vlot. Dan ziet hij een licht op zee.
Daar is een schip! Er zijn vijf kapers aan boord.
Wat gaan ze doen?*

*De kapers binden Kaai vast. Het vlot hangen ze aan de boot.
Ze varen naar de wal.
Daar staat een hut op de dijk.
De kapers laten Kaai achter in de hut. Vast aan een paal.*

5. Waar de kou vandaan komt

Kaai bibbert.
Hij is nat en bang.
Maar vooral koud, heel erg koud.
Kou lijkt 's nachts ook wel erger.
Net als geluid.
'Mam,' snikt Kaai, 'pap!'
Maar het liefst zou hij bij pake zijn.
Lekker bij het vuur ...

Pake wist nog een sprookje.
Een sprookje over de kou.
Dat ging zo:

Er was eens een heel koude winter.
IJs stond op de ramen.
Snot bevroor in je neus.
De rook bevroor in de schoorsteen.
Melk bevroor in de koe.
Er viel geen werk te doen.
Alles vroor vast.

De kou kwam uit het noorden, met de wind.
Er kwam geen eind aan.

Koen was een dapper man.
Hij ging op onderzoek uit.
Hij was die kou zat!
Koen nam een slee met een hond ervoor.
Met die slee ging hij de zee op.
Ja, de zee was ook van ijs.
Zó koud was het dat jaar!

Koen ging recht naar het noorden.
Zo ver als hij kon zien, en nog verder.
Hij sleede over ijs en over sneeuw.
Misschien zat daar land onder.
Of misschien alleen maar zee.
Eén oor vroor vast aan zijn muts.
Het andere oor viel van zijn hoofd.
Ping! deed het op het ijs.

Koen keek steeds naar de lucht.
De maan scheen op zijn pad.
De sterren wezen hem de weg.

Maar op een nacht was er geen maan.
Koen zag niets meer.
Welke kant moest hij nu op?

Toen klonk er opeens een geluid.
Het klonk als rijst in een doos.
Als papier in een prullenmand.
Als de vlam van het fornuis.
Het kwam uit de lucht.
'De hemel ruist!' zei Koen verrast.
Toen zag hij het.
De lucht was niet meer zwart.
In de verte was het licht.
Groen licht, blauw licht, rood licht.
Een gordijn van kleuren.
Het zwaaide in de wind.
Daar kwam dat geruis vandaan!
En met het ruisen kwam de kou ...

Koen was dus een dapper man.
Hij ging erop af, recht naar het licht.
Dat gordijn moest dicht!
Dan bleef de kou wel weg.

Zijn hond ging in galop.
En daar steeg zijn slee zomaar op!
Met een grote bocht ging hij door de lucht.
'Wauw!' zei Koen.
Dat had hij niet verwacht.
Nu kon hij het gordijn nog beter zien.
Het danste op de tocht.

Koen rekte zijn arm haast uit de kom.
Maar hij kreeg het gordijn beet.

Roetsj!
Daar schoof hij het dicht.
Het ruisen hield op.
En er was ook geen tocht meer.
De kou bleef weg.

In het dorp van Koen werd het weer lente.
Maar Koen kwam niet terug.
Wel zijn hond, met de slee.
Maar de slee was leeg.
Koen bleef in het noorden, bij het licht.

Soms gaat het gordijn weer open.
Dan vriest alles vast.
Maar het duurt nooit lang.
Want Koen staat op wacht.
Die schuift dan gauw het gordijn weer dicht.

'Zo zie je maar,' zei pake.
'Er moet altijd iemand dapper zijn.
Anders sterf je van de kou.
Dus wees jij nu maar dapper.
Ga door het donker naar de schuur.

Haal daar wat hout voor het vuur!'
Die keer moest Kaai lachen.
Nu niet.
Dat de nacht zó koud kon zijn!

6. Een stem

De maan komt op.
Nu kan Kaai iets meer zien.
Maar zijn ogen vallen steeds dicht.
En toch heeft hij geen slaap.
Zijn ogen zijn moe, maar zijn hoofd niet.

Opeens hoort hij lawaai.
Hij schrikt wakker.
Hij kijkt om de hoek van de hut.
Op zee vaart een boot.
Kaai haalt diep adem.
'Help, help, help me toch!'
Hij roept zijn keel schor.

Wat gek, de boot vaart heen en weer.
Kijk, nu komt hij vlakbij.
'Help dan toch!' schreeuwt Kaai.
De motor brult.
Kaais geroep waait weg in de wind.
Niemand hoort hem.
Er hangt iets achter de boot.

Kaai ziet het bij het licht van de maan.
Het is iemand op een plank.
Daar skiet een jongen op zee!
Dat is toch raar!
Wie doet dat nu 's nachts, in het donker en
de kou?

Nu valt die jongen van de plank.
Hij brult van het lachen.
De mensen op de boot lachen ook.
Kaai kent die stemmen!
Het zijn de binken van de hut!
En die plank ... dat is zijn eigen vlot!

'Blijf af!' schreeuwt hij boos.
'Dat vlot is van mij!
Ik heb het gemaakt, met Sara.
Het is niet van jullie!'
Maar weer horen ze hem niet.
Nu skiet een andere jongen achter de boot.
Het vlot kletst op de golven.
Straks gaat het nog kapot.

Nu houdt Kaai het niet meer.
Hij snikt het uit.
Het touw snijdt in zijn polsen.
Maar hij huilt niet van de pijn.
Alles is mislukt.
Pake wacht voor niks op hem.
Pap en mam zijn ongerust.
Sara is kwijt.
En nu maken ze ook zijn vlot nog stuk.
Ja, alles is rot.

'Psst!'
Kaai schrikt zich lam.
Is hij niet alleen?
Hij kijkt angstig om zich heen.
Maar hij ziet niks.
Alleen lege blikjes en peuken op de grond.
Of loert er iets, daar in die hoek?
'Hier, achter de hut,' zegt een stem.

Sara!
Bijna gilt Kaai het uit.
Hoe kan Sara nou opeens hier zijn?!
Is ze komen zwemmen?
Kan ze dat zo goed?
Of zou ze stiekem een zeemeermin zijn?
Zijn hoofd zit vol vragen.

'Kun je niet weg?' vraagt Sara.
'Ik zit vast met een touw,' zegt Kaai zachtjes.
Opeens is dat niet erg meer.
Sara is terug!
'Maar wat doe jij nou hier?'

‘O, als ik niet welkom ben ...’ zegt Sara kribbig.
‘Ik wil wel weer weggaan, hoor.’
‘Niet doen!’ roept Kaai.

Maar roepen is dom ...
De binken op de boot hebben hem gehoord.
Ze kijken naar de dijk en naar hun hut.
De maan geeft genoeg licht.
Zit Sara goed verstopt?
De boot tuft naar de wal.
Sara, pas op, denkt Kaai.
Maar hij houdt zijn mond stijf dicht.
Hij kijkt nu wel uit.

Kaai kijkt door de kier van de hut.
Kijk!
Daar staat Sara op de dijk.
Waarom doet ze nou zo stom?
Zo zien die binken haar toch!

‘Kaai, joehoe, Kaai!’
Nu gaat ze ook nog staan roepen ...
Die meid is gek!

Straks wordt ze ook gepakt!
'Rennen, Saar!' roept Kaai.
'Loop gauw weg!
Die kerels zijn eng!'

Kaai zit alleen in de
hut. Hij zit vast aan een paal.
Het is heel koud.
Kaai denkt aan pake Japik.
Was hij daar maar ...
Pake kende een sprookje over de kou.
Daar denkt Kaai aan.
Kaai hoort de
binken. Ze zijn op zee
met het vlot van Kaai. Opeens
hoort Kaai een stem.
Een stem in het donker. Het is
Sara! Als de binken haar
maar niet zien ...

7. *Sara's list*

Sara rent inderdaad weg.
Ze verdwijnt over de dijk.
Goed zo, denkt Kaai.
Haal jij maar hulp in het dorp!

Maar dan bedenkt hij iets ...
Sara wil niet terug naar huis.
Zij gaat vast niet naar het dorp.
Redding komt niet van die kant.
Ze moeten het zelf doen.
Kaai wrikt aan het touw.
Zijn polsen doen pijn zo.
Maar het touw gaat al los zitten.

Dan klinkt er geschreeuw.
De boot legt aan bij de dijk.
De binken springen van boord.
Ze gaan over de dijk, Sara achterna.
Vaag hoort Kaai hun stemmen.
De motor van de boot bromt nog.

Sara hoort hij niet.
Kan ze hard genoeg lopen?

Opeens ploft Sara naast hem neer.
Ze sjort aan het touw.
'Het was een list,' hijgt ze.
'Gauw, ik maak je los!
Dan gaan we ervandoor!'

Even later springt Kaai op.
Vrij!
Samen rennen ze naar de kant.
Sara klimt op het vlot.
Ze prutst aan het touw.
'Ik krijg het niet los!'

'Daar zijn ze!' schreeuwt een bink op de dijk.
Kaai kijkt één keer om.
Dan springt hij aan boord van de boot.
'Houd je goed vast!' roept Kaai.
'Daar gaan we!'
De motor loopt nog.

Kaai geeft gas.
De boot spuit weg als een raket.

Op de kant klinkt luid geschreeuw.
'Kom terug, vuile dief!'
Maar Kaai luistert niet.
Het is hun eigen schuld.

Baf, baf, baf, baf!
De boeg klapt op de golven.
Kaai kijkt om naar het vlot.
Zit Sara er nog op?
Ja, ze is er nog.
Hij ziet haar in het licht van de volle maan.
Ze houdt zich stevig vast.
'Gaat het nog?' roept Kaai.
Sara roept iets.
Kaai kan het niet verstaan.
Hij neemt gas terug.
Hij raakt Sara liever niet nóg een keer kwijt.

'Wat zeg je?' vraagt hij.
Sara laat de mast even los.

Ze zwaait naar Kaai.
'Harder!' roept ze.
Kaai lacht naar haar.
Hij geeft een dot gas.
Maar dat had hij niet moeten doen.
Met een schok liggen ze stil.
De boot komt achter omhoog.
Ze slaan bijna over de kop.
Dan klapt het schip weer terug.
Bof - het klinkt dof.
De boot ligt nu op zand.
Hier is geen water meer.
Ze liggen op het wad.
Muurvast.
De boot kan niet meer weg.
Eerst moet het vloed zijn.

Kaai springt van boord.
Sara loopt ook al op het wad.
Ze zakken diep weg in het slik.
Sara zit onder de prut.
Kaai lacht erom.
En Sara lacht om hem.

Dan lachen ze allebei om hun stunt.
'Wat een mop!' zegt Kaai.
'Die binken zijn hun boot kwijt.'
'Kom maar halen!' grinnikt Sara.
'Hij ligt voor jullie klaar.
Zo goed als nieuw!'
Kaai proest het uit.
Dat is een goede straf voor die lui!

'Wat is er met jou gebeurd?' vraagt hij dan.
'Was het eng op het wad?'
Sara bijt op haar lip.
'Koud en nat, dat wel.
Maar eng?
Ik ben heus niet zo gauw bang.
En ik zwem als een rat.'

Kaai weet niet of hij dat gelooft.
Maar hij zegt er niets van.
Sara doet graag stoer.
Nou, dat mag.
Ze heeft hem immers gered!

8. *De maan wijst de weg*

Kaai kijkt naar hun vlot.
De kajuit is weg.
De mast staat scheef.
Maar de bodem ziet er nog stevig uit.
Het vlot liep niet vast.
Dat ligt niet zo diep als het schip.
Dus het drijft nog.
Het ligt in een dun laagje water.

'Kom mee,' zegt Kaai.
'We gaan verder met het vlot.'
'Kan dat wel?' vraagt Sara.
'Het is wel héél erg eb.'
Kaai knikt.
'Ja hoor, het water staat hoog zat.
Het zal best gaan.'

Kaai heeft gelijk.
Er zijn geultjes vol water.
Het vlot drijft, zelfs met Kaai en Sara erop.
'Recht zo die gaat!' roept Kaai.

En Sara zegt: 'Volg de baan van de maan!'
Ze wijst.
Nu ziet Kaai het ook.
De maan staat precies achter hen.
Ze maakt een weg van licht over zee.
Die voert recht naar Schier.
Wat een geluk!
Nu kunnen ze zien waar ze varen!
Dan loopt het vlot niet vast.

'Ik ken een verhaal,' zegt Sara.
'Het gaat zo:

De maan was dol op zichzelf.
Ze keek de hele dag in het water.
Daar zag ze haar gezicht.
Zo mooi!
Dat vond de maan tenminste zelf.
En de zon zei het ook.

Toen kwam er een wolk voorbij.
"Oei," zei de wolk.
"Wat een dikke vlek in je gezicht!

Zie je wel?
Een zwarte vlek, niks mooi.
Juist in het midden, boven je neus."

De maan keek en keek.
Maar ze zag geen vlek.
Waar zat die dan?
Ze boog naar voren om beter te zien.
Ze bukte nog meer.
En nog meer.
Toen viel ze voorover in de zee.
Plons!

De maan ging kopje-onder.
Ze verdronk haast.
"Help!" riep ze.
Maar niemand hoorde het.

De maan was weg.
De lucht was donker.
De zeelui raakten de weg kwijt.
Kapers gingen op roof uit.
En monsters doken op.

“Help!” riep de maan weer.
Toen kwam er een komeet voorbij.
“Pak mijn staart!” zei de komeet.
“Dan trek ik je eruit.”

De maan pakte de staart beet.
De komeet zwaaide haar omhoog, de lucht in.
Daar stond de maan weer te schijnen.

“Hoor eens,” zei de zon.
“Nu kijk je niet meer omlaag.
Dan gaat het weer mis.
Dan val je uit de lucht.
De zeelui raken de weg weer kwijt.
Dan steken de kapers weer van wal.
Kijk jij nou maar recht vooruit!”

De maan deed haar best.
Maar na een poosje hield ze het niet meer vol.
Was ze nog wel net zo mooi?
Ze móest het weten!
Ze gluurde stiekem omlaag.
Ja hoor, daar was haar spiegelbeeld.

Het keek terug uit de zee.
O ja, wat was ze mooi ...!
De zon zag wat ze deed.
"En nu is het uit!" riep ze.
"Ik breek je spiegelbeeld stuk!"

Het gezicht van de maan in de zee brak.
Het viel in duizend stukjes uit elkaar.
"Zo," zei de zon.
"Vanaf nu is het een weg.
Een weg van licht over zee.
Die wijst de zeelui de weg.

Kapers blijven aan wal.
En zo komt iedereen veilig thuis."

Mooi hè?' zegt Sara.
'Dat heeft mijn oma me verteld.'
'Ja, mooi,' zucht Kaai.
'Het lijkt op een verhaal van pake.
We gaan gauw naar hem toe.
Hij mag jou vast graag.'

'Goed,' knikt Sara.
'Gauw naar Schier.
We halen het vast.
Nu wijst de maan ons de weg.
Ons vlot is sterk.
En jij houdt het roer vast.
Je bent een goede schipper.'
'En jij een goede matroos,' zegt Kaai.
'Niet waar,' zegt Sara.
'Ik ben een piraat!'
'Mij best,' zegt Kaai.
'Hijs het zeil dan maar, piraat!
Op naar Schier!'

*Het vlot drijft nog wel.
Sara en Kaai maken het los.
Dan varen ze daar maar mee verder.
De maan wijst de weg. Een weg van licht
over zee. Sara vertelt het verhaal van de maan.
Het lijkt op een verhaal van pake Japik.
Daar moeten ze nu snel naartoe.
Op naar Schier!*

Colofon

LEESNIVEAU

		ME	ME	ME	ME	ME		
AVI	S	3	4	5	6	7	P	
CLIB	S	3	4	5	6	7	8	P

Avontuur

Toegekend door Cito i.s.m. KPC Groep

avi 4

1e druk 2008

ISBN 978.90.276.6839.4
NUR 282

Illustraties: Mariëlla van de Beek
Vormgeving: Kameleon Design
Uitgeverij Zwijsen B.V., Tilburg

Voor België:
Zwijsen-Infoboek, Meerhout
D/2008/1919/108

De auteur en illustrator

Lydia Rood schrijft haar hele leven al. Haar eerste boek kwam uit in 1982, toen ze 24 was. Ze schrijft het liefst voor kinderen, maar soms ook voor grote mensen. Over haar dochter Roosmarijn heeft ze ook verhalen gemaakt, maar die is nu groot. Lydia houdt van reizen en avonturen. Een hut of een vlot heeft ze zelf ook vaak gebouwd. Ze woont met haar man deels in Nederland, deels in Marokko.

Ik ben Mariëlla van de Beek. Toen ik klein was, had ik drie wensen. Ik wilde in een kasteel wonen. Ik wilde een oude brief in een aangespoelde fles op het strand vinden en ik wilde onder water kunnen ademen.Nou, dat was niet zo moeilijk. Ik deed gewoon een deurtje in mijn hoofd open waar allemaal tekeningen lagen te wachten om gemaakt te worden. Tekeningen van freules en baronessen die in kastelen onder water woonden en postbodes met zwemvliezen aan die flessenpost bezorgden. Dat kamertje in mijn hoofd met al die tekeningen is nog lang niet leeg. Gelukkig maar, want nu maak ik heel veel tekeningen bij de verhalen van andere mensen. Ik lees zelf ook nog graag kinderboeken. Mijn grote favoriet is 'Het malle ding van bobbistiek' van Leonie Kooiker. En ik kan uren kijken naar de tekeningen van Thé Tjong-Khing en Marit Tornqvist.
Ik heb ook een website: www.mariellavandebeek.nl

In deze serie zijn verschenen:

De kaper van de nes

Kaai wil terug naar Schier, zijn eiland.
Hij mist zijn opa, de duinen en het strand.
Kaai wil kaper worden.
Daarvoor moet hij de zee op.

Een huis ver van huis

Sara wil niet meer thuis zijn.
Ze bouwt een hut bij de vaart.
Ze steelt om te eten.
Maar dan is haar hut weg.
Waarom?

Het gat in de nacht

Kaai en Sara gaan op hun vlot naar Schier.
Ze krijgen ruzie.
Sara stapt boos van het vlot.
Kaai vaart alleen door.
Maar dan komen er kapers ...

Een nacht op het wad

Sara en Kaai gingen samen naar Schier.
Ze voeren met een vlot op zee.
Toen kregen ze ruzie.
Sara stapte van het vlot.
En nu zit ze in de nacht alleen op het wad ...